LEKTÜRESCHLÜSSEL
FÜR SCHÜLERINNEN UND SCHÜLER

Éric-Emmanuel Schmitt

Monsieur Ibrahim et les fleurs du Coran

Von Ernst Kemmner

Reclam

Dieser Lektüreschlüssel bezieht sich auf folgende Textausgabe in der Originalsprache: Éric-Emmanuel Schmitt: *Monsieur Ibrahim et les fleurs du Coran*. Hrsg. von Ernst Kemmner. Stuttgart: Reclam 2003 [u. ö.] (Universal-Bibliothek. 9118.)

RECLAMS UNIVERSAL-BIBLIOTHEK Nr. 15393
2007 Philipp Reclam jun. GmbH & Co. KG,
Siemensstraße 32, 71254 Ditzingen
Druck und Bindung: Kösel GmbH & Co. KG,
Am Buchweg 1, 87452 Altusried-Krugzell
Printed in Germany 2020

ISBN 978-3-15-015393-2
www.reclam.de

Inhalt

1. Erstinformation zum Werk

»Es gibt Texte, die man so selbstverständlich in sich trägt, daß man sich nicht einmal ihrer Wichtigkeit bewußt ist. Sie schreiben sich wie von selbst nieder, es ist wie wenn man ein- und ausatmet. Man atmet sie eher aus, als daß man sie bewußt verfaßt.«[1] Mit diesen Worten spielt Éric-Emmanuel Schmitt auf die Entstehung seines Erfolgswerks *Monsieur Ibrahim et les fleurs du Coran* an, mit dessen Veröffentlichung im Jahre 2001 und mit dessen Übersetzung ins Deutsche 2003 er schlagartig berühmt wurde.

Schnelle Niederschrift

Nach eigener Aussage hat er den Text in wenigen Tagen niedergeschrieben, um damit seinem Freund, dem Schauspieler Bruno Abraham-Kremer einen Gefallen zu tun. Dieser hatte kurz zuvor Ostanatolien und Sufiklöster besucht und dabei den Drehtanz der Derwische kennen gelernt. Die Freunde waren anlässlich eines Besuchs von Abraham-Kremer bei Schmitt in seinem Haus

selbstverständlich: **naturellement**
einatmen: **ici: inspirer**
ausatmen: **ici: expirer**
etw. verfassen: **rédiger qc**
Entstehung: **la genèse**
Erfolgswerk: **le succès**
schlagartig: **tout d'un coup; d'un jour à l'autre**
Ostanatolien: **l'Anatolie (f.) de l'Est**
Sufikloster: **une sorte de monastère où l'on pratique le soufisme**
Drehtanz: **une danse où l'on tourne sur soi-même**
Derwisch: **le derviche**

Rolle der Großväter

in Irland auf die Mythen der islamischen Tradition zu sprechen gekommen. In diesem Gespräch war auch ihre Beziehung zu ihren jeweiligen Großvätern, vor allem die Nähe zu ihnen und die Liebe, die ihnen zuteil wurde, ein Thema. Dies sollte sich bei der Abfassung der Erzählung dann in der Figur Monsieur Ibrahims niederschlagen.
Eine Woche nach der Trennung von Abraham-Kremer war der versprochene Text ganz unvorhergesehen bereits fertig und fand die spontane Billigung durch den Freund. Er lag zunächst in der Fassung eines Monologs für die Bühne vor, mit Erstaufführungsrecht für Abraham-Kremer. Dabei sollte es nach Überzeugung Schmitts auch bleiben. Während Schmitt den Text für nicht gewichtig genug hielt, um als Erzählung veröffentlicht zu werden, unter anderem deshalb, weil er ihm keine Anstrengung abverlangt hatte, zeigten Familie, Freunde und sein Verlag regelrechte Begeisterung für den Text. Der nachfolgende durchschlagende Erfolg sollte Letzteren Recht geben. Für den Autor ergab sich daraus folgende Erkenntnis: »Das, was einem wie selbstverständlich zufällt, taugt oft mehr als das, was man sich unter viel Mühe abringt. Der Künstler muß sich eingestehen, daß gewisse Dinge ihm eben leicht fallen.

Mythos: **le mythe**
Nähe: **la proximité**
sich in etw. niederschlagen: **se retrouver dans qc**
spontan: **de façon spontanée**
Billigung: **l'approbation (f.)**
Erstaufführungsrecht: **le droit de présenter qc pour la première fois**
durchschlagend: **énorme**

Das hat mich die Erzählung *Monsieur Ibrahim* und ihre Erfolgsgeschichte gelehrt.«[2]

Schmitt wählte nach eigener Darstellung als Schauplatz der Handlung bewusst die Pariser Rue Bleue, zum einen, weil er selbst einmal dort gewohnt hatte, zum anderen, weil dort eine starke ethnische und religiöse Durchmischung vorliegt, die hohe Anforderungen an die Toleranz gegenüber Andersdenkenden stellt: »in der Rue Bleue [...] lebte eine klare jüdische Mehrheit, einige Christen und Moslems. Die Bewohner teilten nicht nur die Straße, sondern das Alltagsleben, die Lebensfreude, die Sorgen [...] Freundschaften oder Neigungen entstanden zwischen Menschen, die ein wenig von überall her kamen, einer jeweils anderen geographischen oder geistigen Heimat entstammten. In diesem Viertel der einfachen Leute [...] hatte ich das Gefühl, an einem Ort [...] zu sein, wo Menschen aus unterschiedlichen Kulturen aufeinandertrafen, füreinander Interesse zeigten, über ihre Unterschiede lachen konnten.«[3]

Multikultureller Mikrokosmos

Wie Schmitt darlegt, lag ihm daran, eine friedvolle Geschichte über die Brüderlichkeit zu schreiben, die im Gegensatz stand zu

Versöhnungsgedanke

Durchmischung: **le métissage; le mélange**
Anforderung: **l'exigence (f.)**
Moslem/Muslimin: **le musulman / la musulmane**
Alltagsleben: **le quotidien; la vie quotidienne**
Lebensfreude: **la joie de vivre**
Neigung: **ici: la sympathie; l'affection (f.)**
einem Ort entstammen: **être originaire d'un lieu**

unüberwindlich scheinenden Konflikten, wie zum Beispiel dem zwischen Israelis und Palästinensern. Sie sei unter anderem sein Beitrag dazu, dass man besser zwischen Islam und Islamismus unterscheiden lerne. Darüber hinaus erfülle es ihn mit Stolz, dass Friedensbefürworter in Israel die Theaterfassung von *Monsieur Ibrahim* im selben Theater abwechselnd an einem Abend auf Arabisch, am nächsten auf Hebräisch aufführten.

unüberwindlich: **insurmontable**
Israeli: **un Israélien / une Israélienne**
Palästinenser/Paläsinenserin: **un Palestinien / une Palestinienne**
Friedensbefürworter/Friedensbefürworterin: **le/la pacifiste**
Theaterfassung: **la version théâtrale**
abwechselnd: **tour à tour**
auf Hebräisch: **en hébreu**

2. Inhalt

Der elfjährige Jude Moïse alias Momo (Kurzform für Mohammed) lebt ohne Mutter mit seinem Vater in der Rue Bleue in Paris. Dieser ist ein unterbeschäftigter Rechtsanwalt, kümmert sich wenig um seinen Sohn und bürdet ihm die ganze Hausarbeit auf. Auf der anderen Seite hält er ihm stets seinen Bruder Popol, der bei der Mutter lebt, als leuchtendes Beispiel vor, dem es nachzueifern gelte.

Moïse hat wenige Schulkameraden und beginnt bereits mit elf Jahren, die Prostituierten des Viertels aufzusuchen, die ihn in die körperliche Liebe einführen. Zu jener Zeit macht er auch die Bekanntschaft von Monsieur Ibrahim, einem alten Araber und Gemischtwarenhändler. Dieser übt auf den Jungen eine gewisse Faszination aus. Trotzdem klaut Moïse Waren aus dessen Laden, um Geld zu sparen und seine galanten Eskapaden zu finanzieren, nicht ahnend, dass Ibrahim längst gemerkt hat, dass Moïse oder Momo, wie Ibrahim ihn nennt, ihn bestiehlt.

Mit der Zeit schließen die beiden Freundschaft und Ibrahim wird zur wichtigsten Bezugsperson für Moïse. Nach und nach ersetzt er den Vater, der seinen Sohn immer öfter

unterbeschäftigt: **qui n'a pas assez de travail**
jdm. etw. aufbürden: **charger qn de qc**
jdm. nacheifern: **suivre l'exemple de qn avec enthousiasme**
körperliche Liebe: **l'amour (m.) physique**
jdm. etw. klauen: **piquer qc à qn**
galante Eskapade: **l'aventure (f.) amoureuse**
etw. ahnen: **se douter de qc**
Bezugsperson: **la personne de référence**

allein lässt und vernachlässigt. Der Alte berät ihn und bringt ihm beispielsweise bei, dass ein Lächeln und Freundlichkeit gewissermaßen Türöffner zu den Menschen sein können. Er schafft es, Moïse größeres Selbstvertrauen zu vermitteln und ihm seinen Schatz an Lebenserfahrung zugänglich zu machen. Gemeinsam brechen die beiden zur Erkundung einiger touristischer Viertel von Paris auf.

Lächeln als passe-partout

Eines Tages verliert Moïses Vater seine Arbeitsstelle in der Kanzlei und hinterlässt seinem Sohn einen kurzen Abschiedsbrief mit der Nachricht, dass er ihn verlassen habe. Das Einzige, was er ihm vermacht, ist eine kleine Summe Geldes und die Adresse von ein paar Bekannten, die sich angeblich um ihn kümmern würden. Tief getroffen und bitter enttäuscht versucht Moïse eine Zeit lang, den Schein zu wahren und zu vertuschen, dass er nun ganz auf sich allein gestellt ist. Kurz darauf schlägt Ibrahim Moïse eine Reise in die Normandie vor, was dieser bereitwillig annimmt.

Wenig später schlägt das Unheil erneut zu. Eines Morgens verkündet die Polizei dem Jungen, sein Vater habe sich umgebracht, indem er sich in der Nähe von Marseille vor einen Zug geworfen habe. Als ihm die Polizisten eröffnen, es sei seine Aufgabe, die Leiche seines Vaters zu identifizieren,

Tod des Vaters

Türöffner: **(fig.) qc qui rend sympathique**
jdm. etw. zugänglich machen: **rendre qc accessible à qn**
Erkundung: **l'exploration (f.)**
Kanzlei: **le cabinet**
den Schein wahren: **sauver les apparences (f.)**
etw. vertuschen: **cacher qc**
Leiche: **le corps**

bricht er zusammen. Ibrahim übernimmt für seinen Freund die schreckliche Aufgabe.

Treffen mit der Mutter

Nach des Vaters Tod verändert Moïse die Wohnung von Grund auf, um das hinter ihm liegende Leben zu vergessen. Kurze Zeit darauf stattet ihm seine Mutter einen Besuch ab, doch Moïse verleugnet seine Identität und gibt vor, Momo zu sein. Er redet seiner Mutter ein, Moïse sei weggegangen. Bei derselben Gelegenheit eröffnet ihm die Mutter, dass es nie einen Bruder namens Popol gegeben habe.

Orientreise

Am Abend nach dem Besuch seiner Mutter bittet er Ibrahim unvermittelt darum, ihn an Kindes statt anzunehmen. Dieser erklärt sich ohne zu zögern dazu bereit. Sein neuer »Vater« kündigt ihm wenig später an, er wolle mit ihm eine Orientreise zum »Goldenen Halbmond«, dem Land seiner Väter, machen. Für den alten Mann ist es eine Rückkehr zu seinen Wurzeln und für Momo wird es zu einer faszinierenden Bildungsreise.

Nach dem Kauf eines Autos und nach einigen turbulenten Fahrstunden führt sie die ereignisreiche Reise quer durch Europa bis nach Anatolien. Auf der Suche nach seinem Freund

zusammenbrechen: **s'écrouler; s'effondrer**
von Grund auf: **de fond en comble; complètement**
etw. verleugnen: **nier qc**
jdm. etw. einreden: **faire croire qc à qn**
unvermittelt: **à brûle-pourpoint; brusquement**
Goldener Halbmond: **le Croissant d'Or**
Wurzel: **la racine**
Bildungsreise: **le voyage éducatif**
Fahrstunde: **la leçon de conduite**

Monsieur Ibrahims Tod

Abdullah wird Ibrahim Opfer eines Verkehrsunfalls. Vor seinem Tod zieht der Greis Moïse gegenüber eine positive Bilanz seines Lebens und scheint glücklich zu sterben.

Ibrahims Erbe

Nach seiner Rückkehr nach Paris erfährt Momo, dass Ibrahim ihm sein ganzes Geld, seinen Lebensmittelladen und als kostbarsten Schatz seinen alten Koran vererbt hat. Momo übernimmt das Geschäft Ibrahims und versöhnt sich am Ende mit seiner Mutter. Jetzt ist er der »Araber an der Ecke« und der Nachfolger seines bewunderten Vorgängers.

Verkehrsunfall: **l'accident (m.) de la route**
sich mit jdm. versöhnen: **se réconcilier avec qn**
Vorgänger: **le prédécesseur**

3. Personen

Moïse (von Monsieur Ibrahim »**Momo**« genannt) ist elf Jahre alt und lebt mit seinem unnahbaren Vater in der Rue Bleue, in einem der *quartiers populaires* von Paris (siehe Karte S. 28). Von seiner Mutter im Stich gelassen, von seinem Vater gemieden, mit schwerer und unangenehmer Hausarbeit überhäuft, sucht der frühreife Junge bald die Gesellschaft von Prostituierten des Viertels, die ihm ein bisschen Wärme schenken und ihn in die Geheimnisse der geschlechtlichen Liebe einweihen. Wärme und Verständnis schenkt ihm auch in zunehmendem Maße Monsieur Ibrahim, der »Araber an der Ecke«, der immer offen hat (11,17–19). Dies führt dazu, dass Moïse ihn nach dem Freitod seines Vaters um Adoption bittet. Zusammen verbringen die beiden eine erfüllte Zeit, in der Moïse von Ibrahim viele Lebensweisheiten lernen kann. Zusammen unternehmen sie Ausflüge und Reisen, die allesamt dem Ziel dienen, den Jungen zum richtigen Leben und zur Erkenntnis des wirklich Wichtigen in der menschlichen Existenz zu führen. Im türkischen Anatolien geht diese Erziehungs- und Bildungsreise zu Ende: der Mentor Ibrahim stirbt, und Moïse tritt voller Überzeugung in seine Fußstapfen. Er ist fortan der »Arabe du coin [...] ouvert la nuit et le dimanche« (75).

Auf sich gestellter Jugendlicher

Momo als Nachfolger Monsieur Ibrahims

frühreif: **précoce**

fortan: **désormais; dorénavant; à partir de ce moment-là**

Dass **Monsieur Ibrahim**[4] die neben Moïse/Momo wichtigste Figur, vielleicht sogar die Hauptfigur der Erzählung ist, geht aus vielen Anzeichen hervor. Er ist zunächst die Person, deren Äußeres am detailliertesten beschrieben wird: »vieux […] une blouse grise sur une chemise blanche […] des dents en ivoire sous une moustache sèche […] des yeux en pistache, verts et marron, plus clairs que sa peau brune« (8 f.). Er hat sein Lebensmittelgeschäft rund um die Uhr geöffnet (11,17–19) und ist der Mann der flächendeckenden Dienstleistung. Er gilt als weise (9,4 ff.), weil er von den Anhängern verschiedener Religionen anerkannt und geduldet wird, weil er viel lächelt und wenig spricht, weil er sich von der Hektik der übrigen Pariser nicht anstecken lässt. Jeder hält ihn für einen Araber, er stammt jedoch aus dem sogenannten Goldenen Halbmond, also aus einem Landstrich zwischen der Südosttürkei und dem Iran (10,9–11,2).

Hauch des Übernatürlichen

Bisweilen hat Ibrahim fast übernatürliche Züge: Moïse muss erkennen, dass der Alte Gedanken lesen zu können scheint (10,8–10) und dass es praktisch unmöglich ist, ihn zu täuschen (11,22 f.; 15,13 f.). Darüber hinaus beweist er

Hauptfigur: **le personnage principal; le/la protagoniste**
Anzeichen: **l'indice (m.)**
rund um die Uhr: **vingt-quatre sur vingt-quatre heures**
flächendeckend: **à grande échelle; généralisé(e)**
Anhänger/Anhängerin: **l'adhérent/l'adhérente; l'adepte (m./f.)**
Hektik: **la bousculade; l'agitation (f.)**
Landstrich: **la contrée; la région**
Türkei: **la Turquie**
Iran: **l'Iran (m.)**

Lebensmittelgeschäft in der Pariser Rue Bleue

seherische Qualitäten, als er seinen bevorstehenden Tod vorausahnt (57,18 f.). Wenn sich ihm die Gelegenheit bietet, erweist er sich als gewiefter Händler, der auch einmal auf seinen materiellen Vorteil bedacht ist (14,17–15,9). Er kennt unendlich viele Tricks, etwa als er seinem Schützling die Möglichkeiten aufzeigt, Geld zu sparen (16,1–10).

seherisch: **visionnaire**
bevorstehend: **imminent(e)**
etw. vorausahnen: **pressentir qc**
gewieft: **rusé(e); malin(-igne)**
Schützling: **le protégé / la protégéé**

Die Annäherung zwischen Moïse und Monsieur Ibrahim vollzieht sich in kleinen Schritten. Zunächst ist er für den Jungen nur der immer verfügbare Händler, bei dem er seine Einkäufe tätigt und dem er gelegentlich ein paar Konserven klaut, um Haushaltsgeld für seine ersten erotischen Abenteuer einzusparen. Auch der Respekt ist nicht von Anfang an da: »Après tout, c'est qu'un Arabe!« (10,5). Doch bald entwickelt sich Freundschaft, die eigenartigerweise in dem Augenblick besiegelt wird, als Ibrahim Moïses kleine Ladendiebstähle durchschaut: »C'est ce jour-là que nous sommes devenus amis« (15,15). Nach dem Weggang des Vaters fühlt sich der Junge immer stärker zu Ibrahim hingezogen und bittet diesen schließlich unverblümt, ihn zu adoptieren. Der Alte ist nun sein *papa* (55,15), Moïse ist sein Sohn: »Il mettait *mon fils* dans toutes les phrases, comme s'il venait d'inventer la paternité« (55,24–56,2). Ähnlich wie die Prostituierten, die Moïse die Mutter ersetzen, wird Monsieur Ibrahim für ihn zum Ersatzvater, der sich sogar um so alltäglich banale Dinge wie den Schuhkauf für den »Sohn« kümmert. Ganz nebenbei bringt er ihm – mit Humor gewürzt – ein bisschen Lebensweisheit bei: »Momo, tu n'as

Beginn einer Freundschaft

Vaterrolle

verfügbar: **disponible**
jdm. etw. klauen: **piquer qc à qn**
etw. besiegeln: **confirmer, sceller qc**
Ladendiebstahl: **le vol à l'étalage**
unverblümt: **directement**
Ersatzvater: **un père de substitution**
ganz nebenbei: **en passant**
mit etw. gewürzt: **assaisonné(e) de qc**

qu'une seule paire de pieds, il faut en prendre soin. Si des chaussures te blessent, tu les changes. Les pieds, tu ne pourras pas en changer!« (36,11–14). Zur Rolle des Alten als Lebensphilosoph und zur Entwicklung ihrer Beziehung mehr in Kapitel 5 (Interpretation).

Moïses Mutter. Moïse scheint die Existenz seiner Mutter aus seinem Gedächtnis verdrängt zu haben, da er sie praktisch nie erwähnt, bis ihn sein Vater verlässt: »Abandonné deux fois, une fois à la naissance par ma mère; une autre fois à l'adolescence, par mon père« (37,19–38,2). In seinem Gedächtnis scheint sie nicht existent.

Nach dem Selbstmord des Vaters tritt die Mutter jedoch wieder in Erscheinung (49,15 f.). Für den jetzt dreizehnjährigen Jungen (50,20) ist sie eine Fremde, die sich ihm verlegen und zögernd nähert (49,18), in einer Haltung, die in auffallender Weise ihr schlechtes Gewissen und ihre Schuldgefühle verrät. Obwohl sie Momo ein wenig leid tut (50,12), offenbart er ihr seine Identität nicht, belügt sie gar, indem er ihr weismacht, Moïse sei weggegangen (51,20). Ganz offensichtlich ist dies Ausdruck seines anhaltenden Grolls und seine kleine Rache dafür, dass er von ihr im Stich gelassen wurde.

Fremdheit zwischen Mutter und Sohn

etw. verdrängen: **refouler qc**
wieder in Erscheinung treten: **réapparaître**
verlegen: **embarrassé(e)**
Schuldgefühl: **le sentiment de culpabilité**
etw. offenbaren: **révéler qc**
jdm. etw. weismachen: **(fam.) faire gober, faire avaler qc à qn**
Groll: **la rancune; la rancœur; le ressentiment**

Späte Rache

Schnell wird klar, dass er, wenngleich ihr Sohn, Abstand wahren will. Aus diesem Grund wehrt er jegliche Vertrautheit und die mütterlichen Annäherungsversuche zunächst ab (53,3 f.; 54,4–6): er lässt sie regelrecht zappeln.

Bereitschaft zu vergeben

Am Schluss der Erzählung jedoch schließt Momo eine Art späten Frieden mit seiner Mutter. Obschon zu keiner »offiziellen« Versöhnung bereit und auch nicht willens, die Rolle des »verlorenen Sohnes« zu übernehmen, lässt er sich von ihr einladen und akzeptiert, dass seine Kinder sie »grand-maman« nennen (74,19).

Moïses Vater. Die Beziehung zwischen der Hauptfigur und ihrem leiblichen Vater ist distanziert, kühl und schwierig. Ein Beleg dafür ist die Tatsache, dass, wie im Falle der Mutter, nie weder Vor- noch Familienname genannt wird. Offensichtlich hat sich der Vater nach der Geburt des Sohnes von der Mutter getrennt: »il m'a dit: Pars et laisse-moi Moïse, sinon … Je suis partie« (53,19 f.).

Der Vater ist beruflich nicht sehr erfolgreich und gilt als »Anwalt ohne Fälle« (6,8). Er ist verschlossen, fast de-

Abstand wahren: **garder ses distances (f.)**
Vertrautheit: **la familiarité**
Annäherungsversuche an jdn. machen: **faire des avances (f.) à qn**
Versöhnung: **la réconciliation**
der verlorene Sohn: **le fils, l'enfant prodigue**
leiblicher Vater: **le père biologique**
Beleg: **la preuve**
verschlossen: **renfermé(e)**

pressiv, abweisend und verweigert sich jedem näheren Kontakt mit seinem Sohn (19,12–20). Er verschanzt sich hinter seinen Büchern, um sich ja nicht seinem Kind widmen zu müssen, eine Ausflucht, die Moïse aber durchaus durchschaut und ironisch kommentiert: »Moïse, tais-toi. Je lis. Je travaille, moi ... Travailler, ça c'était le grand mot, la justification absolue« (19,18–20). Nur selten ist er zu einem kurzen Gespräch mit dem Sohn bereit: »une fois n'est pas coutume« (34,13). Außerdem gibt er auf die drängenden Fragen des Sohnes meist nur ausweichende Antworten (20,21 f.). Andererseits ist er geizig (»l'argent est fait pour être gardé, pas dépensé«; 5,8) und kontrolliert alle Haushaltsausgaben des Sohnes penibel (5,8; 5,13 f.). Er hält seinen Sohn wie einen Sklaven (6,7) und brummt ihm alle Arbeiten im Haushalt auf (6,4–5).

Distanz zwischen Vater und Sohn

Seine negative Sicht der Dinge, geprägt von Misstrauen und Verachtung, überträgt sich schließlich auf seinen Sohn (21,1 f.). Seine Humorlosigkeit zeigt sich in aller Deutlichkeit, als der Sohn

Mangel an Humor

abweisend: **distancé(e); réservé(e)**
sich hinter etw. verschanzen: **(fig.) se retrancher derrière qc**
sich jdm. widmen: **se consacrer à qn**
Ausflucht: **le prétexte; le faux-fuyant**
etw. durchschauen: **voir clair dans le jeu de qc**
drängend: **urgent(e)**
ausweichend: **évasif(-ive)**
geizig: **avare**
penibel: **de très près; minutieusement**
jdm. etw. aufbrummen: **(fam.) coller qc à qn**
sich zeigen: **se manifester**

das bei allen anderen gut funktionierende Rezept des entwaffnenden Lächelns auch am Vater ausprobiert (25 f.). Zunächst reagiert dieser erstaunt, dann unterstellt er dem Sohn, etwas ausgefressen zu haben, um ihm schließlich den Rat zu geben, sich vom Zahnarzt eine Zahnspange anpassen zu lassen (26,7 f.).

Falsches Spiel

Wie sich später herausstellt, ist der Vater auch ein Lügner, der den »Musterbruder« Popol perfiderweise ganz einfach erfunden hat, um Moïse zu schikanieren (20,12–14; 52,16 f.).

Worunter Moïse indessen am meisten leidet, ist der Mangel an Zuwendung und Liebe seitens des Vaters (6,7): »J'avais toujours froid lorsque j'étais auprès de mon père« (19,1 f.; vgl. 6,7). Auch wenn man dem Vater die schwierige Lage nach dem Verlust des Arbeitsplatzes zugute halten mag (35), ist die Art und Weise, wie er den Sohn regelrecht seinem Schicksal überlässt, unentschuldbar: »Il va falloir que je recherche du travail. Ailleurs. Il va falloir se serrer la ceinture, mon petit« (35,9 f.; vgl. auch 36,20–22).

etw. ausgefressen haben: **avoir commis une faute**
Zahnspange: **l'appareil (m.) dentaire**
perfiderweise: **méchamment**
jdn. schikanieren: **brimer, chicaner qn**
Zuwendung: **l'attention (f.)**
regelrecht: **carrément**
unentschuldbar: **inexcusable**

Schema der Beziehung zwischen Moïse und seinem Vater

1) Gemeinsamens Leben in der Rue Bleue
   - Klima des Misstrauens
   - Isolation und Kommunikationsstörung mit dem Vater
   - Vergleich mit dem musterhaften Bruder (5–20)

↓

2) Arbeitslosigkeit des Vaters (35,1–10)

↓

3) Abschiedsbrief: Vater lässt den Sohn im Stich (36,15–37,16)

↓

4) Selbstmord des Vaters (45,6–25)

↓

5) Moïse ist Waise: Vater hat sich dem Sohn nach und nach völlig entzogen

sich jdm. entziehen: **se soustraire à qn**

Bei **Popol** handelt es sich um einen musterhaften »Phantombruder« ohne jeden Fehl und Tadel. Er ist eine böswillige, nur in der Einbildung des Vaters existierende Erfindung, um Moïse immer wieder zu demütigen und um ihm seine Nichtsnutzigkeit vor Augen zu führen: »Popol, il était très assidu […] il aimait les maths, il ne salissait jamais la baignoire […] il faisait pas pipi à côté des toilettes […] il aimait tant lire les livres qu'aimait papa« (20,7–11). In gewisser Weise wird Popol, diese wandelnde Vollkommenheit, zu Moïses fixer Idee, die ihn fast erdrückt. Auf Moïses Frage an seinen Vater, ob Popol seinen Bruder vielleicht hätte lieben können, antwortet dieser nur verletzend lapidar: »Quelle question!« (20). Lediglich dem psychologisch einfühlsamen, absichtlich flunkernden Monsieur Ibrahim gelingt es, den Komplex des Jungen etwas zu lindern, indem er die Präferenzen klarstellt: »Momo, je vais te dire une chose: je te préfère cent fois, mille fois, à Popol« (27,6 f.).

Ibrahim als Therapeut

Popol beschäftigt Moïse noch einmal nachhaltig, als ihn sein Vater im Stich lässt. Er stellt sich vor, wie es wäre, einen

musterhaft: **modèle**
ohne Fehl und Tadel: **impeccable**
böswillig: **malveillant(e); méchant(e)**
jdn. demütigen: **humilier qn**
jdn. erdrücken: **écraser qn**
lapidar: **de façon courte; de manière concise**
einfühlsam: **sensible; compréhensif(-ive)**
flunkern: **mentir**
etw. lindern: **atténuer qc**
nachhaltig: **intensément**

älteren Bruder zu haben, der ihm jetzt nicht mehr vom Vater als leuchtendes Beispiel vorgehalten würde: eine durchaus verlockende Perspektive (44,16–45,5). Dem imaginären älteren Bruder wird erst durch die deutlichen Worte der Mutter der Garaus gemacht: »Mais je n'ai jamais eu d'enfant avant Moïse. Je n'ai jamais eu de Popol, moi« (52,16 f.).

Popol als Versuchung

Die Prostituierten. Im zarten Alter von elf Jahren geht Moïse zum ersten Mal zu einer Prostituierten des Viertels (5,1 f.). Abgesehen von seiner erwachenden sexuellen Begierde geht er auch deswegen hin, weil Frauen in seinem Leben und deren Zuwendung und Wärme ihm völlig fehlen. Die Prostituierten, die sich ihm gegenüber keineswegs ausbeuterisch und berechnend verhalten – sieht man einmal von einem kleinen Geschenk ab (7,16) –, bringen ein bisschen Licht in Moïses trübes Dasein und geben ihm die so sehr vermisste Nähe, zu der sein Vater völlig unfähig ist: »Avec [...] les putes, il faisait plus chaud, plus clair« (19,2 f.). Man kann also sagen, dass sie für ihn eine Art Muttersatz sind, immer gut für ein paar Streicheleinheiten: »A la fin, elle m'a caressé les cheveux, gentiment« (7,13 f.).

Muttersatz

verlockend: **fascinant(e); attrayant(e)**
jdm. den Garaus machen: **ici: (fig.) liquider, tuer qn**
erwachend: **naissant(e)**
Begierde: **l'envie (f.)**
jdm. fehlen: **faire défaut à qn**
ausbeuterisch: **qui exploite (les autres); qui tire profit (des autres)**
berechnend: **calculateur(-trice)**
Streicheleinheiten: **des câlins (m.); des caresses (f.)**

Brigitte Bardot. Die Figur der legendären, 1934 geborenen Schauspielerin, eines Sexsymbols der 50er- und 60er-Jahre des vergangenen Jahrhunderts – quasi der französischen Antwort auf Marilyn Monroe – spielt eine episodenhafte Rolle in der Erzählung. Sie taucht eines Tages anlässlich von Dreharbeiten in der Rue Bleue auf und mobilisiert das ganze Viertel. Die Frauen eilen neiderfüllt herbei, um nachzuprüfen, ob der Star wirklich so umwerfend aussieht wie im Film, die Männer sind allesamt hin und weg und nicht mehr fähig, klar zu denken. Selbst der gelassene und über den Dingen stehende Ibrahim verlässt ihretwegen seinen Ladentisch: »les hommes ne pensent plus, ils ont le discursif qui s'est coincé dans la fermeture de la braguette« (12,8–10). Momo vergleicht sie in ihrem selbstgefälligen, lasziv-erotischen Verhalten mit einer Katze (12,14–15). Dieses berückend schöne Wesen verirrt sich schließlich in Ibrahims Laden, um eine Flasche Wasser zu kaufen. In unnachahmlicher, doch charmant daherkommender Geschäftstüchtigkeit gelingt es diesem so-

episodenhaft: **épisodique**
Dreharbeiten: **le tournage**
neiderfüllt: **plein(e) d'envie, de jalousie**
aussehen: **avoir l'air**
hin und weg sein: **être tout à fait ravi(e)**
Ladentisch: **le comptoir**
selbstgefällig: **satisfait(e) de sa propre personne; imbu(e) de lui (d'elle)-même**
lasziv: **très sensuel(le) et séducteur(-trice)**
berückend schön: **sublime; spendide**
sich verirren: **s'égarer; ici: entrer (quelque part) par hasard**
unnachahmlich: **inimitable**

gar, dem Leinwandstar das Wasser um vierzig (!) Francs zu verkaufen, was in den Sechziger-Jahren ein kleines Vermögen war: »Je ne savais pas que l'eau était si rare, ici. – Ce n'est pas l'eau qui est rare, mademoiselle, ce sont les vraies stars« (15,3–5). Derart umschmeichelt, bezahlt Brigitte Bardot, ohne mit der Wimper zu zucken.

Ibrahims Geistesgegenwart

Myriam. Unter dem Schock des Verlassenwerdens und dem Eindruck seiner Selbstwertkrise muss Moïse sich und den anderen beweisen, dass auch er liebenswert ist (39,16). So macht er der Tochter des Schulhausmeisters, Myriam, den Hof. An der reinen Jungenschule ist sie weit und breit das einzige Mädchen und Herrin über dreihundert ausgehungerte pubertierende Jungen (39,13). Moïse setzt sein gewinnendstes Lächeln als Geheimwaffe ein und ist zunächst bei Myriam erfolgreich. Doch steht er nur kurzzeitig in ihrer Gunst: »Après m'avoir admis dans sa cour de prétendants, Myriam commençait à me rejeter comme un candidat non valable« (41,19–21). Ibrahim hilft dem Jungen philosophisch über den Misserfolg hinweg.

Pech in der Liebe

Leinwandstar: **la vedette de cinéma**
Vermögen: **la fortune**
umschmeichelt: **flatté(e)**
ohne mit der Wimper zu zucken: **(fig.) sans sourciller**
Schulhausmeister: **le concierge du lycée, du collège**
ausgehungert: **(fig.) assoiffé(e) (de sexe)**
Geheimwaffe: **l'arme secrète**
Gunst: **la faveur**
Misserfolg: **l'échec (m.)**

Bei **Monsieur Abdullah** handelt es sich um den orientalischen Freund von Monsieur Ibrahim, mit dem er in Briefkontakt steht. Einer seiner Briefe muss beim Autokauf als angeblicher Führerschein herhalten (58,17 f.), und derselbe findet sich auch im Koran wieder, den Ibrahim Momo hinterlässt (73,2).

Gebildeter Orientale

Abdullah ist in vielem seinem Freund Ibrahim ähnlich, doch wirkt er auf Momo ausgemergelt und vom Wetter gegerbt. Ihm kommt der Orientale sehr gebildet vor, bewandert in Literatur, Dichtkunst und Philosophie: »plein de mots rares, de poèmes sus par cœur, un monsieur Ibrahim qui aurait passé plus de temps à lire qu'à faire sonner sa caisse« (70,23–71,1). Abdullah macht Momo mit der Philosophie Rumis, dem Sufismus, bekannt und führt ihn in die Praxis des Drehtanzes der Derwische ein (71).

angeblich: **soi-disant**
ausgemergelt: **très mince; décharné(e)**
gegerbt: **tanné(e) (par le soleil)**
in etw. bewandert sein: **être expert(e) en, dans qc**
Sufismus: **le soufisme**

4. Struktur und Erzähltechnik

Episodenhafte Struktur

Die vorliegende Erzählung weist keine Einteilung in Kapitel auf, sondern besteht aus einer losen, aber durchaus absichtsvollen Folge von Episoden aus dem Leben des Ich-Erzählers Moïse/Momo. Es handelt sich um eine Rückschau, die zu einem Zeitpunkt beginnt, als Momo elf Jahre alt ist (5). Es ist zu vermuten, dass der Beginn der Handlung in den Sechziger-Jahren des letzten Jahrhunderts liegt.

Ein weiterer Verweis auf sein Alter – nämlich dreizehn – findet sich, als seine Mutter in sein Leben tritt (50). Am Schluss der Erzählung (73–74) ist Momo vermutlich zwischen dreißig und vierzig, verheiratet und mehrfacher Vater. Zwischen dem Abschluss der Orientreise mit Monsieur Ibrahim und seiner Rückkehr nach Paris gibt es einen Zeitsprung (73,2f.).

Die Handlung verläuft an verschiedenen Schauplätzen. Seine ersten Lebensjahre verbringt Momo im überschaubaren Milieu der Rue Bleue, ohne dass er über das angren-

Einteilung: **la répartition**
absichtsvoll: **voulu(e); intentionnel(le)**
Folge von Episoden: **la suite d'épisodes (m.)**
Rückschau: **la rétrospective**
Verweis: **la référence**
Zeitsprung: **le saut dans le temps**
Schauplatz: **ici: le lieu de l'action**
überschaubar: **délimité(e)**
angrenzend: **voisin(e); adjacent(e)**

Stadtplan Paris (Ausschnitt) mir der Rue Bleue (Pfeil)

zende Viertel hinauskommt. Bezugspunkte sind das Lebensmittelgeschäft von Monsieur Ibrahim und die paar Straßen, in denen die Dirnen flanieren. Die Rue Bleue ebenso wie die Rue de Paradis, an der Grenze zwischen neuntem und zehntem Arrondissement in Paris lassen sich lokalisieren (vgl. die Karte S. 28).

Erweiterung des Erfahrungshorizonts

Nach seiner Bekanntschaft mit Monsieur Ibrahim erweitert sich der Gesichtskreis und sein geografischer Erfahrungshorizont quasi in konzentrischen Kreisen. Sein väterlicher Freund macht ihn zunächst mit dem touristischen Paris (»le Paris joli, celui des photos, des touristes«; 29,16 ff.) bekannt. In logischer Progression vom Näheren zum Entfernteren lädt ihn der Freund zu einer Reise nach Cabourg in der Normandie ein (40,18 ff.), um ihn schließlich auf eine mehrmonatige Erfahrungs- und Bildungsreise zum Goldenen Halbmond mitzunehmen, quer durch die Schweiz, Albanien, Griechenland und die Türkei (59 ff.).

Rückkehr zum Ausgangspunkt

Am Schluss schließt sich der geografische Kreis wieder und Momo kehrt zum Ausgangspunkt, nämlich in die Rue Bleue, zurück, um den Platz seines Tutors und Mentors an der Ladentheke einzunehmen.

Bezugspunkt: **le point de référence**
etw. lokalisieren: **localiser qc**
sich erweitern: **s'élargir**
konzentrischer Kreis: **le cercle concentrique**
väterlich: **paternel(le)**
Albanien: **l'Albanie (f.)**
Ausgangspunkt: **le point de départ**
Tutor: **le tuteur**
Mentor: **le mentor; le conseiller**

Schema von Momos Erfahrungshorizont

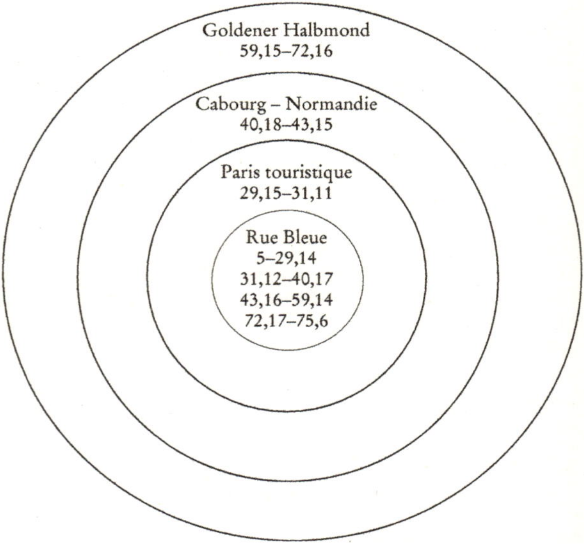

5. Interpretation

Titel

Der Titel *Monsieur Ibrahim et les fleurs du Coran* erklärt sich zunächst aus der zentralen Wichtigkeit von Monsieur Ibrahim für Momo, der genau weiß, was er dem Mentor schuldet, der ihn in kritischer Zeit mit seinen ganzen Schwächen angenommen, ihm den Vater ersetzt, ihn kritisch begleitet und geistig und moralisch erzogen hat.

Zentrale Titelfigur

Monsieur Ibrahims stehende Rede ist: »Ich weiß, was in meinem Koran drin ist – Je sais ce qu'il y a dans mon Coran« (28,12 f.; 35,17; 63,23 f.; 69,20 f.). Dies kann zweierlei bedeuten: Einerseits kennt er den *Inhalt* dieser Heiligen Schrift der Moslems, aber auch deren *Gehalt*, das, was über den Wortlaut hinausweist und Interpretationsspielraum lässt. Ihm sind nicht die starren Dogmen und ihre sklavische Befolgung wichtig. Er ist vielmehr auf der Suche nach dem menschlichen Antlitz des Islam.

Ablehnung von Dogmatismus

Darüber hinaus enthält der Momo hinterlassene Koran

stehende Rede: **des propos souvent répétés**
über etw. hinausweisen: **aller au-delà de qc**
Spielraum: **la marge**
starr: **rigide**
Dogma: **le dogme**
Antlitz: **le visage**
jdm. etw. hinterlassen: **léguer qc à qn**

Symbolik der Blumen

aber auch getrocknete Blumen. Auch diese lassen symbolhaft mehrere Deutungen zu: Zum einen versinnbildlichen sie die Vergänglichkeit natürlicher (und menschlicher) Schönheit und Monsieur Ibrahims Liebe zum Leben, zum anderen stehen sie für die Quintessenz der ganz persönlichen spirituellen Erkenntnis und Lebensweisheit Monsieur Ibrahims auf der Basis des Koran. Schmitts eigene Darstellung erhellt dies zusätzlich: »Als Momo das alte Exemplar von Monsieur Ibrahim bekommt, entdeckt er, was im Koran drin ist: getrocknete Blumen. Der Koran von Monsieur Ibrahim, das ist ebenso der Text wie das, was er selbst hineingelegt hat, sein eigenes Leben, seine eigene Deutung. Spiritualität besteht nicht darin, Glaubenssätze einfach nachzuplappern, sondern deren Sinn zu erfassen, deren Geist zu verstehen, die Nuancen, die Reichweite … Die wahre Spiritualität gibt sich durch ihre Mischung aus Gehorsam und Freiheit zu erkennen.«[5]

getrocknet: **séché(e)**
etw. versinnbildlichen: **symboliser qc**
Vergänglichkeit: **le caractère éphémère**
Quintessenz: **la quintessence; l'essentiel (m.)**
Glaubenssatz: **le dogme**
etw. nachplappern: **répéter qc de façon stupide**
Reichweite: **ici: l'envergure (f.)**
Gehorsam: **l'obéissance (f.)**

Beziehungsentwicklung

Das Verhältnis zwischen Momo und Monsieur Ibrahim wandelt sich im Verlauf der Erzählung stark.

In einer ersten Phase ist ihre Beziehung rein geschäftsmäßig. Der Junge muss regelmäßig einkaufen, und so bietet sich das in der Nähe liegende Geschäft Ibrahims an, in dem er alles findet, was er braucht. Da Ibrahim ja »nur ein Araber« ist (10,5) glaubt er sogar, ihn bestehlen zu können. Nach dem souveränen Umgang Ibrahims mit dem Superstar Brigitte Bardot kommt Bewunderung seitens Momos hinzu (14 f.), und als der Händler Momos ›Beutezüge‹ in seinem Laden ohne viel Aufhebens, aber doch mit subtiler Ironie kommentiert (15,13 f.), entwickelt sich daraus Freundschaft (15,15).

Fixpunkt in der Erwachsenenwelt

In dem Maße, wie sich der leibliche Vater aus Momos Dasein verabschiedet, wird Ibrahim immer wichtiger. War die Erwachsenenwelt zuvor für Momo, von den Dirnen einmal abgesehen, wie ein undurchdringlicher Block, geprägt von Feindseligkeit und Gefühlskälte (Vater), so werden die Dinge durch den Freund erträglicher: Monsieur Ibrahim fungiert für ihn als fester Halt, verlässlicher Berater und Brücke zur Erwachsenenwelt: »Grâce à l'intervention de monsieur Ibrahim, le monde des adultes s'était fissuré, il n'offrait pas le même mur uniforme contre lequel je me cognais, une main se tendait à travers une fente« (16,11–14). Monsieur Ibrahim hilft ihm, die Alltagspro-

Beutezug: **le pillage**
undurchdringlich: **impénétrable**
verlässlich: **fiable**

Hilfe in der seelischen Entwicklung

bleme zu meistern, vor allem aber baut er Momo auf, indem er ihm in erster Linie sein verlorenes Selbstwertgefühl zurückgibt (66,17–26). In einem letzten Schritt wird er Momos Mentor und Erzieher.

Kunden-Händler-Beziehung (8 ff.)

↓

Bewunderung (15,6 ff.)

↓

Freundschaft (15,15)

↓

M. Ibrahim als Brücke zur Erwachsenenwelt (16,11–14)

↓

M. Ibrahim als Mentor und Erzieher (29,5–70,16)

Erziehungsinhalte und Elemente einer Lebensphilosophie

Als »Lehrer« und Erzieher geht Monsieur Ibrahim nicht im klassischen Sinne vor. Man trifft sich nicht zu Unterrichtsstunden, es gibt keine schriftlichen oder mündlichen

jdm. aufbauen: **encourager qn**
Selbstwertgefühl: **l'amour-propre (m.)**

Hausaufgaben, sondern der »Unterricht« ergibt sich eher beiläufig, gekoppelt an bestimmte Ereignisse oder Lebenssituationen. Grundlage von Monsieur Ibrahims erzieherischem Wirken sind seine Herzensgüte und sein vertrauensbildendes Zuhörenkönnen, gute Menschenkenntnis, Einfühlungsvermögen und die philosophisch-religiösen Erkenntnisse, die er aus seinem Koran gezogen hat. Er bietet Momo kein kohärentes Weltbild oder einen vollständigen Wertekanon an. Weniger das kognitiv-rationale Wissen steht im Vordergrund, sondern Herzensbildung und praktische Lebensbewältigung. Monsieur Ibrahim verweist seinen Schüler auch nicht auf trockene und abstrakte Buchinhalte, sondern vermittelt sein Wissen im Gespräch, nach Art antiker griechischer Philosophen: »Lorsqu'on veut apprendre quelque chose, on ne prend pas un livre. On parle avec quelqu'un. Je ne crois pas aux livres« (40,12–14). Die Schönheit liegt für ihn überall, man muss nur ein Auge für sie entwickeln (40,7–16).

Güte und Einfühlungsvermögen

Monsieur Ibrahim bemerkt, dass Momo immer mit ernster Miene durchs Leben geht, was bei seinem Werdegang ja auch nicht weiter verwunderlich ist: »Pourquoi est-

beiläufig: **en passant**
gekoppelt an etw.: **lié(e) à qc**
kohärent: **cohérent(e)**
Weltbild: **la conception du monde**
Wertekanon: **l'ensemble (m.), la gamme de valeurs**
jmd. etw. vermitteln: **transmettre qc à qn**
mit ernster Miene: **l'air sérieux**
Werdegang: **la vie passée**

ce que tu ne souris jamais, Momo?« (21,9 f.). Der Alte redet Momo aus, dass Lächeln ausschließlich etwas für Reiche oder Glückliche sei, und überzeugt ihn davon, dass Lächeln, verbunden mit höflichem und zuvorkommendem Handeln, der Einstieg ins Glücklichsein sei (22,6 f.). Fortan lächelt dieser sich von Erfolg zu Erfolg. Er macht sich nacheinander die Mathematiklehrerin, die Köchin, den Sportlehrer durch einen wahren ›Lächelmarathon‹ gewogen. Selbst die Dirnen erliegen jetzt seinem mit einem gewinnenden Lächeln unterlegten Charme (24). Lediglich beim misstrauischen und humorlosen Vater scheitert er.

Lächeln als Schlüssel zum Glück

Nach Momos gescheitertem Annäherungsversuch an Myriam ist dieser tief enttäuscht und zweifelt, ob er je für jemanden »liebenswert« sein wird. Monsieur Ibrahim versucht ihn davon zu überzeugen, dass Großzügigkeit und Gefühle, die man für andere gehegt habe, selbst bei einer Enttäuschung nie verloren seien, sondern einem immer noch selbst gehörten. Dagegen seien Engherzigkeit und Eigensucht immer ein Verlust (42,2–4).

Großzügigkeit als Gewinn

Für Monsieur Ibrahim ist es lebenswichtig, Hass zu überwinden und verzeihen zu können. Als in einem Gespräch

zuvorkommend: **très poli(e); complaisant(e)**
Einstieg: **l'accès (m.)**
Lächelmarathon: **le marathon du sourire**
einer Sache erliegen: **succomber à qc**
Annäherungsversuch: **les avances (f.)**
Großzügigkeit: **la générosité**
Engherzigkeit: **la mesquinerie; le manque de générosité**
Eigensucht: **l'égoïsme (m.)**

mit Momo klar wird, dass dieser immer noch starken Groll gegen seinen toten Vater hegt, legt Ibrahim ihm dar, dass diese Einstellung zu nichts führe. Er versucht, ihn dafür zu sensibilisieren, dass der Schlüssel für die Depression und den Freitod des Vaters vielleicht in der Judenverfolgung allgemein liege, vielleicht aber auch in der Tatsache, dass Angehörige des Vaters im Holocaust umgekommen seien (48 f.). Dass Ibrahims Worte in diesem Zusammenhang nicht auf unfruchtbaren Boden fallen, zeigt sich daran, dass Momo seiner Mutter gegenüber später nicht unversöhnlich bleibt (73,23–74,23).

Verständnis für den Vater

Anlässlich ihrer Orientreise erläutert Monsieur Ibrahim Momo in unnachahmlich humorvoller Weise, wie man auf Reisen durch das Studium des Verhältnisses zum Müll und seiner Entsorgung reiche von armen Gegenden unterscheiden könne (60,14–22). Unterwegs entwickelt er auch eine Philosophie des richtigen Reisens: Mit dem Flugzeug und auf der Autobahn komme man zwar am schnellsten von A nach B, erlebe aber nichts. Die ideale Art des Reisens führe über »hübsche kleine Nebenstraßen« (61,5 f.).

Beim Durchfahren Griechenlands kommt Monsieur Ibra-

jdn. für etw. sensibilisieren: **sensibiliser qn à qc**
Judenverfolgung: **la persécution des Juifs; le pogrom(e)**
Holocaust: **l'holocauste (m.)**
unfruchtbar: **stérile**
unversöhnlich: **irréconciliable**
unnachahmlich: **de façon inimitable**
Müll: **les déchets (m.); les ordures (f.)**
Entsorgung: **l'évacuation (f.)**
beim Durchfahren ...: **en traversant ...**

Entdeckung der Langsamkeit

him auf die richtige Lebenseinstellung zu sprechen. Wahres Glück entspringt nach seiner Auffassung aus der Beschaulichkeit, aus dem Verweilen und aus dem richtigen Verständnis der Langsamkeit: »La lenteur, c'est ça, le secret du bonheur« (61,21). Hektische Betriebsamkeit, gnadenloser Wettbewerb und das Schielen auf möglichst hohen Umsatz und Kundenanteile (61,20) sei dagegen echtem Lebensglück abträglich. Der einfache und genügsame griechische Bauer ist hier nach Überzeugung von Monsieur Ibrahim dem »modernen« Menschen in seinem Effizienzstreben und seiner bedingungslosen Erfolgsorientiertheit einen Schritt voraus.

Momos fast krampfhafte Bemühung, bei Mädchen zu landen, findet keineswegs die Billigung des Alten. Er rät ihm zu mehr Gelassenheit und zeigt auf, dass sich Freundschaft und Liebe nicht herbeizwingen lassen, sondern sich auf natür-

Beschaulichkeit: **la contemplation; la vie paisible**
Betriebsamkeit: **l'agitation (f.)**
gnadenlos: **implacable**
schielen auf, nach etw.: **ici: (fam.) le fait de loucher sur qc**
Umsatz: **le chiffre d'affaires**
abträglich für etw. sein: **nuire à qc**
genügsam: **ici: modeste**
Effizienzstreben: **le besoin d'efficacité**
Erfolgsorientiertheit: **la course au succès**
krampfhaft: **contracté(e), crispé(e)**
bei jdm. landen: **avoir du succès auprès de qn**
Billigung: **l'approbation (f.)**
das lässt sich nicht herbeizwingen: **cela ne se force pas**

liche Weise ergeben müssen: »Tu bouges trop, Momo. Si tu veux avoir des amis, faut pas bouger« (66,15 f.).

Der Tod

Momo wird im Verlauf der Erzählhandlung zweimal mit dem einschneidenden Erlebnis des Todes konfrontiert: mit dem seines leiblichen (45,19 ff.) und dem seines Adoptivvaters (69,11–70,16).

Bei der Todesnachricht seines leiblichen Vaters durch die Polizei ist Momo zwar schockiert, aber in seiner Schilderung kommt kein echter Schmerz zum Ausdruck: seine Reaktion ist eher unterkühlt und entspricht folgerichtig dem bisherigen Vater-Sohn-Verhältnis: »Un père qui se suicide, voilà qui n'allait pas m'aider à me sentir mieux« (46,6 f.)

Ganz anders seine Reaktion beim Tod des verehrten Adoptivvaters. Er kann sich der Tränen nicht erwehren, die gegen seinen Willen fließen (69,16 f.). Doch erneut verfehlt die im philosophischen Sinne stoische, vom Sufismus (vgl. unten) geprägte Sichtweise Monsieur Ibrahims seine Wirkung auf den Zögling nicht. Ibrahim zieht die Bi-

einschneidend: **décisif(-ve)**
folgerichtig: **logiquement**
bisherig: **précédent(e)**
verehrt: **vénéré(e); très respecté(e)**
sich einer Sache erwehren: **se défendre contre qc**
gegen seinen Willen: **malgré lui; contre son gré**
stoisch: **très tranquille, calme**

lanz eines erfüllten und überwiegend glücklichen Lebens (70,1–7) und schafft es damit, Momo zum Lächeln zu bringen. Für Ibrahim gehört Sterben zum Leben, er ist überzeugt davon, durch den Tod wieder eins mit dem Universum zu werden: »Toutes les branches du fleuve se jettent dans la même mer. La mer unique […] Je ne meurs pas, Momo, je vais rejoindre l'immense« (69,14–70,16).

Tod als Teil des Lebens

Sufismus

Als Momo und Monsieur Ibrahim ihre Paristour in einem Bistro bei einer *Suze anis* und einer Zitronenlimonade abschließen, wundert sich Momo, dass sein Freund als Moslem Alkohol trinkt (31,5 f.). Monsieur Ibrahim berichtigt ihn und weist ihn darauf hin, dass er Sufi sei. Momo, der dies in seiner kindlichen Einfalt zunächst für einen Krankheitsbefund hält, muss die Bedeutung zuerst in einem Lexikon nachschlagen (31,16–18).

Aus Monsieur Ibrahims Sufismus erklären sich seine philosophische Ausrichtung und eine Reihe seiner Einstellungen zum Leben.

Bei diesem mystischen Zweig des Islam, der erstmals im

erfülltes Leben: **la vie accomplie**
überwiegend: **en très grande partie**
Universum: **l'univers (m.)**
Einfalt: **la simplicité d'esprit (m.)**
Krankheitsbefund: **le diagnostic**
Ausrichtung: **l'orientation (f.)**
mystischer Zweig: **la branche mystique**

achten Jahrhundert nach Christus nachgewiesen ist, geht es nicht um starre Dogmen, um strengste Einhaltung der *Scharia*, sondern es überwiegt der Glaube, dass in allen Religionen eine grundlegende Wahrheit zu finden sei und dass die großen Religionen von ihrem Wesen und vom Geist her identisch sind. Manche Sufis vertreten sogar die Auffassung, dass der Sufismus nicht innerhalb einer Religion, zum Beispiel des Islam, angesiedelt sei, sondern dass die Mystik über der Religion stehe. Die mystische Gotteserfahrung ist der Zustand des Einsseins mit Gott, die sogenannte *unio mystica*. Als erster Vertreter des Sufismus gilt Abu Sa'id, der eine Art Mönchsregel für seine Adepten aufstellte, die auf äußerste Askese und Unterordnung unter den Willen Gottes abzielt. Nach seiner Lehre ist derjenige Sufi, der mit allem zufrieden ist, was Gott tut, so dass Gott mit allem zufrieden ist, was er tut.

Gleichrangigkeit der Religionen

Die Sufis treffen sich in der *tekke* (64,11), einer Art Zentrum der Bruderschaft, was dem Wortsinne nach so viel wie »Rückzugsort«, »Schutz« oder »Asyl« bedeutet, aber nicht unbedingt mit einem christlichen Kloster identisch ist.

Bei dem im Buch zitierten Rumi (71,4) handelt es sich um

überwiegen: **être prépondérant(e)**
Mönchsregel: **la règle monacale**
Adept/Adeptin: **l'adhérent/l'adhérente; l'adepte (m./f.)**
Askese: **l'ascèse (f.)**
Unterordnung: **la soumission**
Bruderschaft: **la confrérie**
Rückzugsort: **le refuge**
Kloster: **le monastère; le couvent**

Dschalal ad-Din Muhammad Rumi (1207–1273), einen der bekanntesten persischen und islamischen Mystiker, der als Begründer des Mevlevi-Derwischordens gilt. Zu Zeiten Rumis wurde Anatolien von den *Rum*-Seldschuken regiert, daher der Beiname *Rumi* (= Oströmer, Byzantiner). Rumis Werke sind alle in persischer Sprache verfasst. Für die Derwische (Mönche) dieses Ordens ist Meditation (*dhikr*) bei religiöser Musik von zentraler Wichtigkeit, wobei sie sich im Tanz um die eigene Achse drehen und in religiöse Ekstase geraten. Im Augenblick der Ekstase, der mystischen Selbstentäußerung, erreicht der Sufi absolutes Gottvertrauen. Dieses Ritual ist als »Tanz der Derwische« (siehe Abb. S. 43) bekannt. Interessant mag in diesem Zusammenhang sein, wie Schmitt selbst den Sufismus sieht: »Dabei handelt es sich um eine poetische Religion ohne jedes Dogma, ihre Lehre wird durch Humor, Erzählungen und Märchen vermittelt. Es ist eine sehr konkrete Religion, die Geist und Körper nicht voneinander trennt. Das Gebet wird mit dem Tanz verknüpft [...] Ich mag diesen Gedanken, dass Körper und Geist untrennbar miteinander verbunden sind.«[6]

Meditation und Ekstase

Auf Momo wirkt sich der Drehtanz in der *tekke* so aus, dass sich sein Hass auf den Vater verflüchtigt und er seine Mutter mit milderem Blick betrachtet: »J'avais la haine qui se vidangeait« (65,14 f.).

Orden: **l'ordre (m.)**
Byzantiner/Byzantinerin: **le Byzantin / la Byzantine**
sich um die eigene Achse drehen: **tourner sur soi-même**
Ekstase: **l'extase (f.)**
Ritual: **le rituel**
sich verflüchtigen: **s'évaporer; se dissiper**
mild: **doux(-ce); indulgent(e); clément(e)**

Tanzende Derwische

Ironie und Komik

Der insgesamt eher traurig und melancholisch gefärbte Hintergrund der Erzählung kontrastiert mit Wortwitz, mit aphoristisch kurzen Bonmots und ironischer Färbung, mit Passagen der Situationskomik, die schallendes Lachen herausfordern. Durch diese humorvolle Brechung

Hintergrund: **le fond**
Wortwitz: **le comique de mots**
aphoristisch: **de façon très concise; de manière brève**
Situationskomik: **le comique de situation**
schallendes Lachen: **des éclats (m.) de rire**
Brechung: **le biais**

sind die Momo heimsuchenden Schicksalsschläge für den Leser besser auszuhalten.

Im Rückblick auf seine Kindheit und Jugendzeit sieht sich Momo des Öfteren selbstironisch. Im folgenden Vergleich mischen sich Ironie und Wortwitz: »j'étais gros comme un sac de sucreries« (6,17).

Er wirft seinen ironischen Blick auf seine Geschlechtsgenossen, deren Verstand durch die umwerfende Schönheit Brigitte Bardots ausgeknipst wird (12,8–10). Im Hinblick auf Monsieur Ibrahim, der ebenfalls anfällig für deren Reize ist, stellt Momo ironisch fest: »A cet instant-là, j'aurais pu jurer que monsieur Ibrahim n'était pas aussi vieux que tout le monde le croyait« (13,19–21).

Momos Ironie nimmt einen bitteren Beigeschmack an, als er seinen Vater dahingehend charakterisiert, dass er ihn schlechter als einen Hund behandle: »il n'était même pas tenté de me jeter un os de son savoir« (19,13–15).

Ironie als Selbstschutz

Manchmal ist seine ironische Haltung eine Art Selbstverteidigung, zum Beispiel wenn er auf seinen Bruder Popol zu sprechen kommt. Dieser ist »l'autre nom de [ma] nullité« (20,4; 45,2) oder »une perfection vivante« (20,16).

Durch Selbstironie geht Momo auf Distanz zu sich selbst und sieht sich selbstkritisch. Er erkennt zum Beispiel die

jdn. heimsuchen: **s'abattre sur qn; frapper qn**
Schicksalsschlag: **le coup du sort; le coup du destin**
umwerfend: **épatant(e)**
etw. ausknipsen: **ici: mettre qc hors de fonction**
anfällig für etw.: **être réceptif(-ve) à qc**
bitterer Beigeschmack: **le goût amer**
Selbstverteidigung: **l'auto-défense (f.)**

Lächerlichkeit seines ständig als Waffe eingesetzten Lächelns: »Le lendemain, je me comporte vraiment comme un malade qu'aurait été piqué pendant la nuit: je souris à tout le monde« (26,5 f.). Zu seinen verkrampften Bemühungen, Myriams Gunst zu gewinnen, fällt ihm ein: »Je me mis à lui faire la cour avec une ardeur de noyé« (39,13 f.). Die Bemühung seiner Mutter um Wiederaufnahme der Beziehung zu ihrem Sohn entlockt ihm gleich mehrere gallige Kommentare: »C'est sûr que ça fait un peu bizarre de voir deux professeurs de l'Éducation nationale recevoir Mohammed l'épicier, mais enfin, pourquoi pas? Je suis pas raciste« (74,12–15); »Elle était toute rose de contentement que j'accepte, non, c'est vrai, ça faisait plaisir à voir: on aurait dit que je venais de lui installer l'eau courante« (74,7–9); »elle est tellement contente qu'elle me demande discrètement si ça ne me gêne pas. Je lui réponds que non, que j'ai de l'humour« (74,20–22).

In der Erzählung findet sich eine lange Reihe von Beispielen für Wortkomik, bisweilen gemischt mit Situationskomik. Ein Beispiel hierfür ist zunächst das »Einwegsparschwein« (5,6), mit dem Momo die Knausrigkeit seines Vater humorvoll geißelt. Der Liebeslohn von zweihundert Francs ist für ihn »der Preis des Erwachsenwerdens« (6,13 f.),

Lächerlichkeit: **le ridicule**
jdm. etw. entlocken: **soutirer qc à qn**
gallig: **très amer(-ère); sarcastique**
Knausrigkeit: **(fam.) le fait d'être radin; la radinerie**
etw. geißeln: **fustiger qc**
Liebeslohn: **le prix de l'amour (des prostituées)**

und er verliert seine Unschuld, indem er »zwischen den Schenkeln einer Frau getauft wird« (7,18f.). Ein richtiger Witz wird geboten, als Monsieur Ibrahim eine diplomatische Antwort auf eine hypothetische Frage findet (14,1–4). Eine Zahnspange in Momos Mund ist für Monsieur Ibrahim »Schrott« (28,3f.), der Momos angebliches Alter gegenüber den Dirnen unglaubwürdig werden ließe. Das zu Sparzwecken dem Vater vorgesetzte Hundefutter, »Marke *Chappi Royal*« (33,10), bringt wirklich jeden Leser zum Lachen.

Wortspiele und Aphorismen

Ab und zu wird der reine Wortwitz zum Wortspiel, mit dem sich eine direkte Antwort vermeiden lässt: »Vous y allez, vous, parfois, rue de Paradis? – Le Paradis est ouvert à tous« (28,22–29,1), oder zum geistreichen Aphorismus: »C'est ça, le luxe, Momo, rien dans la vitrine, rien dans le magasin, tout dans le prix« (30,14 f.). Die Mischung der beiden Verben *sentir* und *se sentir* (»Je me sens, je nous sens, donc je me sens déjà mieux«; 63,10 f.) erinnert an Descartes' berühmte Formel: »Je pense donc je suis (*Cogito ergo sum*)«. Auf Monsieur Ibrahims Ankündi-

seine Unschuld verlieren: **avoir sa première expérience sexuelle; être dépucelé(e)**
hypothetisch: **ici: imaginaire; fictif(-ve)**
unglaubwürdig: **peu crédible**
zu Sparzwecken: **pour des raisons d'économie; pour faire des économies**
Hundefutter: **la nourriture pour chiens**
Wortspiel: **le jeu de mots**
Aphorismus: **l'aphorisme (m.); la formule très courte**

gung, dass sich die Mädchen bald um Momo reißen würden, entgegnet Momo mit einer die Euphorie dämpfenden Antiklimax: »Pourtant ... pour le moment ... le marché est calme« (66,25 f.).

Im Verlauf der Erzählung ergeben sich trotz des weitgehend ernsten Hintergrundes eine Vielzahl komischer Situationen.

So behauptet Momo gegenüber einer Dirne, am selben Morgen sechzehn geworden zu sein (7,5), um ja nicht aus gesetzlichen Gründen abgewiesen zu werden. Tatsächlich ist er aber erst elf. Als Geschenke für die Dirnen, um sie günstig zu stimmen, wählt er seinen Teddy oder eine Muschelschale.

Eine lustige Situation entsteht, als Momo Monsieur Ibrahim um Rat fragt, wie er bei der Verköstigung seines Vaters Geld einsparen könne (16,1–10). Der Alte überbietet sich hier geradezu an komischen Einfällen, die fast Bedauern für das »Opfer« aufkommen lassen.

Slapstick-Einlage

An Charlie Chaplin und seine Slapstick-Komik erinnert die Szene, wo Momo einen Handtaschendieb durch sein ausgestrecktes

sich um jdn. reißen: **se battre pour qn**
etw. dämpfen: **freiner, réduire qc**
Antiklimax: **le tournant inattendu**
jdn. günstig stimmen: **obtenir la faveur de qn**
Muschelschale: **le coquillage**
Verköstigung: **le fait de nourrir qn**
sich überbieten: **se surpasser**
Bedauern: **ici: la compassion; la pitié**
Handtaschendieb/Handtaschendiebin: **le voleur / la voleuse à la tire**

Bein zu Fall bringt (17,7–19). Der Lächelmarathon, der Autokauf (56,3–57,21), die Mülleimerprobe, um reiche von armen Vierteln unterscheiden zu lernen (60,11–23), und die Konfessionsdiagnose über den Geruchssinn (62,11–63,11) sind weitere herausragende Beispiele für diese Form der Komik.

jdn. zu Fall bringen: **faire tomber qn**
Diagnose: **le diagnostic**
Geruchsinn: **l'odorat (m.)**

6. Autor und Zeit

Als Sohn eines Lehrerehepaares erblickt Éric-Emmanuel Schmitt 1960 in Sainte-Foy-lès-Lyon das Licht der Welt. Er ist elsässischer Herkunft und wird von der atheistischen Grundhaltung seiner Eltern geprägt. Heute bekennt sich Schmitt zum Christentum.

Musikalische Ambitionen

Früh zeigt sich seine Musikalität, und er wendet sich mit neun Jahren dem Klavierspiel zu. Gedanken an einen Beruf als Komponist werden schnell aufgegeben, doch Schmitt ergattert nach dem Abitur einen Platz an der Eliteuniversität *École Normale Supérieure*, wo er von 1980–1985 studiert. 1986 promoviert er mit einer Arbeit über Diderot, die 1997 umgearbeitet als Essay *Diderot ou la Philosophie de la Séduction* erscheint. Nach kurzer Zeit als Gymnasiallehrer in Cherbourg und anschließend als Philosophiedozent an der Universität von Chambéry wendet et sich der Literatur zu.

Als Éric-Emmanuel Schmitt 1991 mit *La Nuit de Valognes* sein erstes Theaterstück veröffentlichte, das es auf

elsässischer Herkunft: **d'origine alsacienne**
atheistisch: **athée**
sich zu etw. bekennen: **professer qc**
Musikalität: **le fait d'être musicien(-ne)**
Komponist/Komponistin: **le compositeur / la compositrice**
etw. aufgeben: **abandonner qc**
etw. ergattern: **obtenir qc**
Eliteuniversität: **la Grande École**
promovieren über etw.: **préparer une thèse de doctorat sur qc**
etw. umarbeiten: **remodeler, retravailler qc**

zahlreiche Bühnen schaffte, war dies der Einstieg in eine erfolgreiche Karriere als Theaterautor und Schriftsteller, die allerdings erst ein gutes Jahrzehnt später richtig in Gang kam. Heute ist er einer der meistgelesenen französischsprachigen Autoren der Welt, seine literarische Produktion wurde in fünfunddreißig Sprachen übersetzt, und seine Stücke werden in vierzig Ländern gespielt.

Vielgelesener Schriftsteller

Mit dem zweiten Stück *Le Visiteur* gelang ihm ein Achtungserfolg, der mit dem *Prix Molière* bedacht wurde. Es folgten im Jahrestakt die Stücke *Golden Joe* (1995), *Variations Énigmatiques* (1996), der Einakter *L'École du Diable* (1996), *Milarepa* (1997), *Le Libertin* (1997), *Frédérick ou le Boulevard du Crime* (1998), *Hôtel des Deux Mondes* (1999), der Theatermonolog *Monsieur Ibrahim et les fleurs du Coran* (1999) und der Einakter *Petits crimes conjugaux* (2003). In Würdigung seines fruchtbaren Theaterschaffens wurde ihm im Jahr 2001 der *Grand Prix du Théâtre de l'Académie Française* verliehen.

Dramen

Zu den Theaterstücken kommen eine Anzahl durchaus erfolgreicher Romane hinzu: *La Secte des Égoïstes* (1994), *L'Évangile selon Pilate* (2000), *La Part de l'Autre* (2001), *Lorsque j'étais une œuvre d'art* (2002), *Oscar et la dame rose* (2002), *L'enfant de Noé* (2004), *Ma vie avec Mozart* (2005), das als

Romane

Bühne: **la scène**
Jahrzehnt: **la décennie**
jdn. mit einem Preis bedenken: **décerner un prix à qn**
im Jahrestakt: **ici: quasiment tous les ans, chaque année**
Einakter: **la pièce en un acte**

Éric-Emmanuel Schmitt

Erzählung und Theaterfassung vorliegt, und *Odette Toulemonde et autres histoires* (2006). Dieses Werk wurde Anfang 2007 mit Catherine Frot und Albert Dupontel in den Hauptrollen verfilmt, Schmitt führte selbst Regie. In seinem Erzählungsband *Cycle de l'Invisible* thematisiert Schmitt das Verhältnis der Weltreligionen zueinander und bemüht sich um eine Annäherung der Religionen und Kulturen. *Milarepa* ist der erste Band einer Trilogie mit dieser Thematik und hat den Buddhismus zum Gegenstand. Im zweiten Teil *Monsieur Ibrahim et les fleurs du Coran* stellt Schmitt Sufismus und Judentum einander gegenüber. In *Oscar et la dame rose* schließlich nimmt das Christentum den zentralen Platz ein.

Religionsthematik

Weltreligion: une grande religion; une religion universelle
Trilogie: la trilogie; une suite de trois ouvrages

7. Rezeption

Das Buch

Monsieur Ibrahim et les fleurs du Coran wurde zunächst im Dezember 1999 am Théâtre de Vichy in Lausanne als Monolog in einer Fassung für das Theater aufgeführt. Regisseur und Interpret war Bruno Abraham-Kremer. Es folgte die Fassung als monologische Erzählung und ihr Erscheinen in Frankreich im Jahre 2001, wo ihr kein nennenswerter Erfolg beschieden war. In deutscher Fassung liegt das Werk seit 2002 bei Ammann unter dem Titel *Monsieur Ibrahim und die Blumen des Koran* vor und entwickelte sich rasch zum durchschlagenden Publikumsrenner, vor allem seit es in der TV-Sendung »Lesen!« vom 29. April 2003 von Elke Heidenreich hoch gelobt wurde. Heidenreich damals: »Es ist eine Geschichte vom Kummer, von Verlust, vom Tod, von der Liebe, vom Erwachsenwerden und von der Toleranz in dieser durchgeknallten Zeit, in der wir leben. Ein Lehrstück in Sachen Güte.« Möglicherweise trug die zeitgleich nicht nur in Deutschland

Erfolgsgeschichte von Monsieur Ibrahim

Interpret/Interpretin: **l'interprète (m./f.)**
nicht nennenswert: **négligeable**
durchschlagend: **éclatant(e)**
Kummer: **le chagrin**
Erwachsenwerden: **l'adolescence (f.)**
durchgeknallt: **(fam.) dingue; complètement fou (folle)**
Lehrstück: **la leçon**

zunehmend kritische Sichtweise des Islam und seiner radikalen Spielart, des Islamismus, zu den rapide hochschnellenden Absatzzahlen bei. Ein auf Güte, Ausgleich und Toleranz fußender Islam, wie er bei Schmitt beschrieben wird, zog die Aufmerksamkeit auf sich.

Die Erzählung musste vom Verlag bald nachgedruckt werden und eroberte die *SPIEGEL*-Bestsellerliste bis auf Platz 1, wo sich das Werk bis Dezember 2003 hielt. Interessant ist in diesem Kontext die Aussage der Verlegerin Marie-Luise Flammersfeld vom Ammann-Verlag: »Schmitt war eigentlich eine Notlösung, nachdem zwei wichtige Titel einfach nicht fertig geworden waren [… Er] hat uns da aus der Not geholfen – und er war ein großes Glück für uns, zumal das Buch in Frankreich kein Bestseller war.«[7]

Auszeichnung

Es folgt die Übersetzung des Buches in viele Sprachen, und in der Sparte »Publikumsliebling des Jahres« erhält Schmitt 2004 dafür den Bücherpreis des Börsenvereins des Deutschen Buchhandels vor den Mitbewerbern Paulo Coelho und J. K. Rowling. Aufgrund des überbordenden Leserinteresses erschien 2003 auch noch eine Hörbuchfassung,[8] die allerdings

Spielart: **la variante**
hochschnellen: **monter en flèche**
Absatzzahlen: **les chiffres (m.) de vente (f.)**
Ausgleich: **ici: le rapprochement; la réconciliation; le compromis**
(ein Buch) nachdrucken: **réimprimer (un livre)**
Notlösung: **la solution de rechange**
Sparte: **la catégorie**
überbordend: **débordant(e)**

nicht ungeteilte Zustimmung fand. So wurde von einer Lehrerin kritisiert, dass ein und derselbe Sprecher für Momo und Monsieur Ibrahim eingesetzt wurde. Dies sei zwar im Sinne des Theatermonologs »werktreu [...], aber uneffektiv für den Unterricht.«[9]

Geteiltes Echo

In Pressekritiken kann das Echo nicht als einheitlich positiv bezeichnet werden, sondern es fällt eher heterogen aus. Manche Kritiker überbieten sich geradezu mit Lob. Da ist die Rede von einem »kleinen Wunder zwischen Buchdeckeln« oder von »einem frischen Tropfen in einem Ozean der Gleichgültigkeit«[10]. In seiner genauen Buchbeschreibung mit anschließendem kommentierenden Fazit kommt Dieter Wunderlich zu dem Schluss, Schmitt sei es gelungen, »mit zurückhaltendem Humor und feiner Beobachtung der Personen und Situationen eine kleine Welt darzustellen, in der es ungeachtet von Glaubenszugehörigkeit und unterschiedlichem Alter nicht nur möglich ist, miteinander auszukommen; es wird sogar einer des anderen Stütze und Freund. Die Parabel wirbt für Toleranz in einer multikulturellen Gesellschaft.«[11]

nicht ungeteilt: **divisé(e)**
Zustimmung: **l'approbation (f.)**
einheitlich: **uniforme; homogène**
heterogen: **hétérogène**
sich mit etw. überbieten: **rivaliser en qc**
Buchdeckel: **la converture de livre**
Fazit: **le bilan**
Glaubenszugehörigkeit: **la confession**
Stütze: **un soutien; un appui**
Parabel: **la parabole**

Daneben gibt es kritische Stimmen. Als aggressive Kritik, die einem Verriss gleichkommt, fällt die Rezension von Stephan Maus aus dem Rahmen.[12] Dieser spricht von einer »herz- und nierenwärmenden Toleranzpredigt«, die »Ringparabelblüten, Lebensweisheit und Streetworkerbeseeltheit« miteinander mische und uns lehre, dass »nicht jeder Muselmann einen Sprengstoffgürtel um seine Hüften« trage. Sein »sanftmütig parabelnder« Roman sei ein weiteres Beispiel einer »französischen Kitschvariante«, wie sie seit *Die fabelhafte Welt der Amélie* häufig zu beobachten sei. Für seine wortgewaltig und fulminant formulierte Attacke bleibt der Kritiker allerdings konkrete Belege schuldig.

Plagiatsvorwürfe

Nicht ganz so harsch geht der Kulturreporter des Norddeutschen Rundfunks mit dem Werk ins Gericht. Er versucht aber nachzuweisen, dass sich Schmitt in mehreren Punkten des Plagiats schuldig gemacht habe und sich allzu großzügig bei Romain Garys alias Emile Ajars Werk *La vie devant soi* von 1975 bedient habe. Als Kronzeugen zitiert er den PEN-Präsidenten Said, selbst Schriftsteller und Ajar-Experte,

Rezension: **la critique**
Predigt: **le sermon**
Hüfte: **la hanche; ici: la taille**
Kitsch: **ici: la littérature sans grande valeur**
wortgewaltig: **de façon volubile et éloquente**
fulminant: **de façon fulgurante**
Beleg: **la preuve**
harsch: **rude**
Plagiat: **le plagiat**
Kronzeuge: **le témoin principal**

der Parallelen in Erzählkonstruktion und Personenkonstellation zwischen beiden Romanen nachweist.

Verübelt wird Schmitt auch seine eher dünnhäutige und wenig argumentative Reaktion auf die Plagiatsvorwürfe: »Die Leute, die so etwas Dummes behaupten, haben Ajar nicht einmal gelesen. Sobald man Erfolg hat, gibt es Neider, die einen in den Schmutz ziehen, einem den Erfolg nicht gönnen […] Wir hören auf! Stop! Ich antworte gern auf Fragen, aber nur auf intelligente Fragen. Mir ist es zu dumm!«[13] Mittlerweile sind die Plagiatvorwürfe allerdings weitgehend verstummt.

Der Film

Gedanken des Autors zum Film

Nach Schmitts eigenen Worten kam ihm der Gedanke, aus dem Buchstoff einen Film zu machen, bei der Aufführung einer Theaterversion von *Monsieur Ibrahim et les fleurs du Coran* in Avignon. Ihm sei durch den Kopf gegangen, »dass sich eine Kinoadaptation lohnen und die Geschichte davon profitieren könnte, wenn

Konstellation: **l'arrangement (m.); la constellation**
jdm. etw. verübeln: **en vouloir à qn de qc**
argumentativ: **argumentatif(-ve)**
Neider/Neiderin: **un envieux / une envieuse**
verstummen: **se taire; ici: cesser**
Aufführung: **la représentation**
jdm. durch den Kopf gehen: **venir à l'esprit de qn**
Adaptation: **l'adaptation (f.)**

sie in bewegte Bilder umgesetzt wird.« Er habe durch den Film erkannt, »dass das Kino einen beschaulicheren Rhythmus hat als die Literatur. Ich bin froh, dass es diesen Film gibt, der mich so bewegt. Ich finde, er funktioniert wie eine Nachhilfestunde in Sachen Leben.«[14]

Der Film von François Dupeyron mit Omar Sharif (Monsieur Ibrahim) und Pierre Boulanger (Momo) in den Hauptrollen kam in seiner Endfassung von 94 Minuten im Jahre 2003 in Frankreich und am 25. März 2004 in Deutschland in die Kinos, am gleichen Tag, an dem Schmitt auch den Bücherpreis des Börsenvereins des Deutschen Buchhandels erhielt. Auf den Filmfestspielen in Venedig 2003 gab es viel Kritikerlob.

Unterschiedliche Reaktionen

Jedoch waren wie im Falle des Buches auch die Reaktionen auf den Film zwiespältig und divergierend. Aus der Fülle der Pressestimmen können hier exemplarisch nur einige näher betrachtet werden. So schrieb beispielsweise die *Frankfurter Allgemeine Zeitung*, der Film sei besser geworden als

etw. in bewegte Bilder umsetzen: **transformer qc en film**
beschaulich: **contemplatif(-ve)**
Nachhilfestunde: **le cours particulier**
Hauptrolle: **le premier rôle**
Filmfestspiele: **le festival du film**
Venedig: **Venise**
zwiespältig: **qui n'est pas unanime; qui est hétérogène**
divergierend: **divergeant(e); qui présente des différences**
Fülle: **le grand nombre**
exemplarisch: **en exemple**

das Buch.[15] Die Internetseite *Filmz.de* spricht von einer »hinreißend poetischen Leinwandadaption«.[16] Uneingeschränkt positiv wird die Leistung des Hauptdarstellers Omar Sharif gewürdigt, ihm wird große Ausstrahlung und vor allem Glaubwürdigkeit bescheinigt: »[Sharif] fühlt sich sichtlich wohl in der Rolle des weisen Monsieur Ibrahim. Eine Begründung dafür ist in seinem Leben zu finden, denn im Privaten wie in der Öffentlichkeit spricht sich Sharif seit Jahren für religiöse Toleranz aus. So ist Sharif ein glaubwürdiger Monsieur Ibrahim.«[17] Der Kritiker von *filmstarts.de* spricht im Hinblick auf Sharif von einem furiosen Comeback, ihm seien die Lebenserfahrung und Herzenswärme des Händlers »ins Gesicht geschrieben«.[18] Er hebt die in der Inszenierung liebevoll gestaltete Retrokulisse des Pariser Viertels und die stimmige Yéyé-Musik der damaligen französischen Musikszene positiv hervor.

Untadeliger Monsieur Ibrahim

Allerdings merkt er auch kritisch an, dass dem sich eigentlich aufdrängenden religiösen Konfliktpotenzial der

hinreißend: **de façon absolument fascinante**
uneingeschränkt: **sans réserve**
Ausstrahlung: **le charisme**
Glaubwürdigkeit: **la crédibilité**
jdm. etw. bescheinigen: **ici: reconnaître qc à qn**
Inszenierung: **la mise en scène**
Retrokulisse: **le décor rétro; ici: le décor évoquant les années 60 du siècle passé**
Yéyé-Musik: **la musique yéyé (un mélange de rock 'n' roll et musique pop)**
Konfliktpotenzial: **le potentiel conflictuel**

Buchvorlage in Dupeyrons Film keine Beachtung geschenkt werde. Dies falle »einfacheren Problemen und dem Harmoniestreben des Films zum Opfer«.[19]
Noch etwas kritischer bezieht Semenowicz Stellung. Neben ihrem Lob für die positive Besetzung der Hauptrolle glaubt sie, viele Negativa ausgemacht zu haben. So sei der Film ein eher »müder Abklatsch« der Buchvorlage. Obwohl von Schmitt und Dupeyron gemeinsam erarbeitet, lasse das Drehbuch »die schönsten und markantesten Passagen des Buches aus [...] Das Hinzufügen der Figur eines Nachbarsmädchens, in das sich Momo verliebt, ist hingegen nicht mehr als ein konventionelles Plotelement und bringt uns Moses nicht wirklich näher«.[20]

Abweichungen des Films von der Vorlage

Jugendliche Filmbesucher bemängeln in Internetbeiträgen dasselbe: es seien »Szenen dazugemogelt« worden und Figuren anders akzentuiert worden. So wirke – was zutreffend ist – Momos Vater (Gilbert Melki) im Film viel sympathischer als im Buch. Ein anderer Jugendlicher merkt an, dass man den »Film nur einfach nicht mit dem Buch vergleichen« dürfe, denn sonst warte man vergeblich auf gewisse Pointen. Diese Beobachtungen stehen allerdings in einem gewissen Widerspruch zur Einschätzung durch den Regisseur selbst. In einem Interview ant-

Harmoniestreben: **le besoin d'harmonie**
Negativa: **des aspects négatifs**
Abklatsch: **(péj.) la mauvaise imitation**
etw. dazumogeln: **ajouter qc en faussant l'original**
zutreffend: **juste; vrai(e)**
Widerspruch: **la contradiction**
Einschätzung: **ici: le point de vue**

wortet er auf die Frage »Wie sind Sie bei der Adaptation des Buchs vorgegangen?« wie folgt: »An der Struktur habe ich absichtlich kaum etwas verändert […] Ich habe mich brav an Schmitts Vorlage orientiert und bin in seine Fußstapfen getreten, um zu sehen, wo er mich hinführen würde. Beim Schreiben ist das noch relativ einfach, später am Set oder dann beim Endschnitt wird es allerdings kompliziert.«[21]

Werktreue des Regisseurs

in jds. Fußstapfen treten: **marcher sur les traces de qn**
Set: **le lieu du tournage (d'un film)**
Endschnitt (eines Films): **le montage final (d'un film)**

8. Dossier pédagogique

Dans ce dossier, il ne s'agit pas d'offrir une explication de texte complète de Monsieur Ibrahim et les fleurs du Coran. C'est plutôt un ensemble de suggestions qui peuvent aider à comprendre et à analyser ce texte. Le dossier offre de plus une série de thèmes créatifs et un choix de questions à traiter après le visionnage du film.

I. Compréhension, analyse et commentaire

- Résumez l'action du roman en vous concentrant sur le chapitre 2 de vos *Clés de lecture.*
- Où l'histoire se passe-t-elle? Identifiez les différents lieux de l'action.
- Momo et sa famille: son père, sa mère, son frère Popol. Faites les portraits respectifs de ces personnages.
- Comment évoluent les rapports entre Momo et son père? Étudiez le schéma à la page 21.
- Qui est Myriam? En quoi Momo est-il *marqué* par le court épisode avec elle?
- Dans une encyclopédie du cinéma, renseignez-vous sur Brigitte Bardot et sur son rôle dans le cinéma des années 50 et 60 du siècle passé. Élaborez un petit exposé.
- Caractérisez Abdullah.
- La famille »élargie« de Momo, ce sont monsieur Ibrahim et les putes.
  a) Établissez le portrait physique et moral de monsieur Ibrahim.
  b) Caractérisez les putes. Quel est leur rôle pour Momo?

- Décrivez l'évolution des rapports entre Momo et monsieur Ibrahim.
- En matière d'éducation, comment monsieur Ibrahim procède-t-il?
- Faites la liste des éléments que monsieur Ibrahim enseigne à Momo.
- Comment s'explique le titre du roman. Étudiez, avant d'y répondre, le chapitre 5 (*Titel*) de vos *Clés de lecture*.
- Relevez, dans l'ensemble du roman, l'emploi
  - de l'ironie
  - du comique de mots
  - du comique de situation.
- Étudiez le chapitre 7 de vos *Clés de lecture*.
  a) Quels sont, d'après les critiques, les aspects positifs et négatifs du livre?
  b) Quels sont les points forts et les points faibles du film?
- Étudiez le chapitre 4 de vos *Clés de lecture*.
  a) Sous quelle forme se présente le roman?
  b) Que peut-on dire sur le narrateur?
  c) Sur combien d'années s'étend la periode de narration?

II. Écriture créative

- Le père de Momo vient de découvrir qu'il manque de l'argent dans la caisse (5,13–6,2). Rédigez le dialogue entre le père et le fils.
- Ibrahim donne des conseils à Momo pour faire des économies sur les dépenses de nourriture (16,1–10). Transformez ce passage en dialogue.

- Momo vient de lire la lettre d'adieu de son père (37). Bouleversé et désespéré, il écrit ses pensées et ce qu'il ressent dans son journal intime. Rédigez ses notes.
- Momo fait la cour à Myriam, la fille du concierge du lycée. Imaginez leur premier rendez-vous.

III. Questions à traiter après le visionnage du film

- Qu'est-ce qui vous a plu dans la réalisation du film? Qu'est-ce que vous n'aimez pas?
- Quels sont les passages du film qui font penser à un conte de fées?
- En comparant le livre avec le film de Dupeyron, quelles divergences avez-vous découvertes?
- Globalement, le film a été un grand succès. Comment peut s'expliquer ce succès?

9. Lektüretipps

Textausgaben und Übersetzung

Schmitt, Éric-Emmanuel: Monsieur Ibrahim et les fleurs du Coran. Paris: Albin Michel, 2001.

– Monsieur Ibrahim et les fleurs du Coran. Hrsg. von Ernst Kemmner. Stuttgart: Reclam, 2003 [u. ö.]. (UB. 9118.) – *Nach dieser Ausgabe wird zitiert.*

– Monsieur Ibrahim und die Blumen des Koran. Zürich: Ammann, 2002.

Nützliche Internetadressen

http://www.eric-emmanuel-schmitt.com [Sehr gut gemachte Homepage des Autors, die sauber und übersichtlich gegliedert ist und ständig aktualisiert wird.]

http://www.lehrer-online.de/dvn/437506.htm [Verfasser: Axel Braun. Ergiebige Website mit vielen, auch kreativen Aufgabenstellungen zum Verständnis von Buch und Film.]

http://www.ph-ludwigsburg.de/franzoesisch/overmann/baf4/ibrahim/index.htm [Manfred Overmann zeigt auf diesen Seiten einen audiovisuellen Zugang zum Roman über den Film auf. Viele Aufgabenstellungen.]

Anmerkungen

1 Éric-Emmanuel Schmitt, *Monsieur Ibrahim und die Blumen des Koran – Anmerkungen des Autors*, auf der offiziellen Webseite des Autors unter: *www.eric-emmanuel-schmitt.com/de/work_details.php?oeit_id=25&oecatid=4&section_id=2&table=comments*
2 Ebd.
3 Ebd.
4 Die Figur des Monsieur Ibrahim wurde nach Aussage von Schmitt stark von seinem Großvater beeinflusst: »Die Figur meines Großvaters prägt das Buch sehr stark. Er war zwar weder Lebensmittelhändler noch Moslem, aber genau so unbeweglich wie Monsieur Ibrahim […] Was er sagte, hatte Gewicht, selbst sein Schweigen sprach Bände. Er drückte sich einfach aus, sagte jedoch intelligente Dinge, die von Herzen kamen. Er saß wie angenagelt auf seinem Schemel in seiner Werkstatt […] Seine Klugheit rührte von seiner minutiösen Art her, von seiner Gelassenheit und von seinem Interesse für das kleinste Detail […] Was mein Großvater sagte, war stets von einem Lächeln begleitet«, in: Michèle & Laurent Pétin, *Presseinformation »Monsieur Ibrahim und die Blumen des Koran«* (im Verleih von Monopole Pathé Films, Zürich), S. 5.
5 Éric-Emmanuel Schmitt, siehe Anm. 1.
6 Michèle & Laurent Pétin, siehe Anm. 4, S. 6.
7 Marie-Luise Flammersfeld, in: *Wir sind das Bodenpersonal, und die Autoren dürfen fliegen*, in: *Neue Zürcher Zeitung* vom 17. Juli 2006.
8 *Monsieur Ibrahim und die Blumen des Koran*, Hörbuchfassung, Sprecher: Matthias Ponnier, Der Audio Verlag 2003.
9 *www.lehrer-online.de/dyn/464552.htm*
10 *www.filmz.de/film_2004/monsieur_ibrahim_und_die_blumen_des_koran/*
11 Dieter Wunderlich, *Éric-Emmanuel Schmitt: Monsieur Ibrahim und die Blumen des Koran*, unter: *www.dieterwunderlich.de/Schmitt_Ibrahim.htm#com*
12 Stephan Maus, *Nichts als Worte – Stilblüten aus Nazareth. Éric-*

Emmanuel Schmitt schreibt ein fünftes Evangelium, in: *Süddeutsche Zeitung* vom 28. Januar 2006.

13 *Ein Film und ein Plagiat – Monsieur Ibrahim und die Blumen des Koran*, ohne Verfasserangabe unter: *www.ndrtv.de/kultur report/monsieur_ibrahim_film.html*

14 Siehe Anm. 4, S. 7.

15 *http://de.wikipedia.org/wiki/Monsieur_Ibrahim_und_die_Blumen_des_Koran_%28Film%29#Kritiken*

16 siehe Anm. 10.

17 Margarete Semenowicz, *Monsieur Ibrahim und die Blumen des Koran*, unter: *www.filmszene.de/kino/m/monsieur.html*

18 Ulf Lepelmeier, *Monsieur Ibrahim und die Blumen des Koran*, unter: *www.filmstarts.de/kritiken/html*

19 Ebd.

20 Siehe Anm. 17.

21 Siehe Anm. 4, S. 12 f.

Raum für Notizen